IA Para Principiantes Absolutos

Cómo La Inteligencia Artificial Está Cambiando El Mundo — Y Cómo Puedes Beneficiarte De Ello

Por Joe Correa

Publicado por **Live Stronger Faster**

Este libro es solo para fines educativos e informativos. El autor y el editor no ofrecen asesoramiento legal, financiero ni profesional de ningún otro tipo. Los lectores deben consultar a un profesional calificado antes de tomar cualquier decisión financiera.

Primera edición

Tabla de contenidos

Introducción

Bienvenido a **IA para principiantes absolutos** – tu primer paso esencial hacia el poderoso, emocionante y transformador mundo de la inteligencia artificial.

Si alguna vez te has sentido abrumado por la jerga tecnológica o has pensado que la IA es solo para programadores y genios de Silicon Valley, este libro fue hecho para ti. No necesitas un título en informática. No necesitas saber programar. Todo lo que necesitas es curiosidad y el deseo de crecer personal, profesional y financieramente en la era de la IA.

En este libro te guiaré a través de:

- Qué es realmente la inteligencia artificial (en palabras sencillas)
- Por qué la IA no es solo una moda, sino un cambio permanente como lo fue Internet o la electricidad
- Cómo la IA ya está transformando todas las industrias, desde la salud hasta las finanzas y los bienes raíces
- Las herramientas y aplicaciones cotidianas que puedes empezar a usar ahora mismo
- Y, lo más importante, cómo convertir la IA en una fuente de ingresos, incluso si estás comenzando desde cero

Comenzaremos con lo básico: los diferentes tipos de IA, la diferencia entre aprendizaje automático y aprendizaje profundo, y qué significan realmente términos como "IA generativa", "GPT" y "redes neuronales".

Pero no nos quedaremos solo en la teoría. Este libro está lleno de formas prácticas de ganar dinero con la IA, ya seas freelancer, dueño de un negocio, estudiante, padre o madre, o simplemente alguien que busca más libertad.

Descubrirás cómo personas comunes están usando herramientas como:

- ChatGPT para escribir contenido, correos electrónicos y planes de negocio
- Midjourney y DALL·E para crear arte, logotipos y contenido para redes sociales
- ElevenLabs y Resemble.AI para crear audiolibros y locuciones
- Synthesia y HeyGen para producir videos sin aparecer en cámara
- Y Notion AI, Claude y otras herramientas para aumentar la productividad y automatizar el trabajo

A lo largo de este libro compartiré historias reales: personas que no sabían nada de IA hace un año y que hoy ganan entre

$1,000 y $10,000+ al mes utilizando herramientas simples de inteligencia artificial. Su éxito no se debe a que hayan sido los primeros. Se debe a que tomaron acción.

Esto no se trata de exageraciones. Se trata de oportunidades. La IA ya está aquí. Está transformando empleos, negocios y economías... y esto apenas comienza.

Puedes quedarte observando desde la barrera, o aprender a aprovechar este poder para tu propia vida y tus objetivos.

Si estás listo para entender la IA, aplicarla y ganar dinero con ella, estás en el lugar correcto.

Comencemos tu camino hacia el dominio de la inteligencia artificial — no se necesita experiencia previa.

Capítulo 1: ¿Qué Es La Inteligencia Artificial?

La **Inteligencia Artificial (IA)** es una rama de la informática que se enfoca en crear sistemas capaces de realizar tareas que normalmente requieren inteligencia humana. Estas incluyen comprender el lenguaje, reconocer patrones, resolver problemas y tomar decisiones.

Pero no lo compliques demasiado: en esencia, la IA simplemente significa máquinas que pueden "aprender" y actuar de manera inteligente. Piensa en ella como un software que mejora con el tiempo al procesar datos y experiencias, tal como lo hacen los humanos cuando aprenden algo nuevo.

Los 3 tipos de IA

Entender la IA es más fácil cuando la divides en tres categorías:

IA estrecha (Narrow AI):
Es la que usamos hoy en día. Está diseñada para realizar una tarea específica, como recomendar una película, hacer funcionar Alexa o escribir un correo electrónico.

IA general (General AI):

Esta IA teórica sería tan inteligente como un ser humano en todos los aspectos. Aún no existe.

Super IA (Super AI):

Una posibilidad futura en la que las máquinas serían más inteligentes que los humanos. Por ahora, sigue siendo ciencia ficción.

En este momento, la IA estrecha domina el mundo, y ahí es donde se encuentran todas las oportunidades de ganancia.

Ejemplos del mundo real

La IA ya está a tu alrededor:

- Google Maps predice el tráfico usando IA.
- Netflix recomienda series según tu historial de visualización.
- Los bancos detectan fraudes analizando patrones de gasto.
- ChatGPT escribe correos electrónicos, contenido e incluso código.

Si has usado YouTube, Uber, Amazon o Siri, ya has usado IA. El objetivo ahora es dejar de solo usarla... y empezar a beneficiarte de ella.

Cómo funciona la IA (explicado de forma sencilla)

En el corazón de la IA están los datos. Los modelos de IA se entrenan con enormes conjuntos de datos (como miles de millones de frases o imágenes). Con el tiempo, estos modelos aprenden patrones y los usan para generar predicciones o crear nuevo contenido.

Los tipos de modelos de IA más populares incluyen:

Aprendizaje automático (Machine Learning – ML): aprende de los datos y mejora con el tiempo.
Aprendizaje profundo (Deep Learning): imita el cerebro humano mediante redes neuronales.
IA generativa: crea contenido nuevo (texto, imágenes, audio, etc.).

Herramientas populares como ChatGPT, Midjourney y DALL·E utilizan IA generativa.

Por qué esto es importante para ti

La IA no es solo para ingenieros o grandes empresas. De hecho, las mayores oportunidades ahora están disponibles para:

- Freelancers que crean productos digitales con IA

- Dueños de pequeños negocios que automatizan tareas
- Profesores que convierten lecciones en cursos generados con IA
- Creadores que producen locuciones y audiolibros sin grabarse a sí mismos

En resumen, la IA es el gran igualador. No necesitas ser un experto en tecnología para ganar con ella; solo necesitas saber dónde aplicarla y cómo convertir las herramientas de IA en ingresos.

¿Los robots piensan?

Daniel, un profesor de historia de secundaria de 43 años, se detuvo a mitad de un sorbo de café, sorprendido por la curiosidad de su hija de 10 años. Levantó la vista de su laptop y sonrió. El sol de la mañana entraba por la cocina, reflejándose en su tazón de cereal y en sus rizos alborotados.

—Bueno... más o menos —dijo—. No como nosotros, pero ahora pueden aprender. Eso es la IA.

Recientemente había encontrado un artículo que mencionaba cómo algunos profesores usaban algo llamado "ChatGPT" para crear planes de clase en cuestión de minutos. Por curiosidad, lo probó esa misma noche y quedó impactado. En segundos, escribió resúmenes de clase mejores que los suyos.

Ese momento lo llevó a noches enteras investigando y viendo tutoriales en YouTube. Términos como "aprendizaje automático", "redes neuronales" y "GPT" inundaron su historial de búsqueda. Daniel, que nunca había tomado una sola clase de programación, de pronto se encontró profundamente inmerso en el mundo de la IA... y le encantaba.

Descubrió que existían tres niveles. Las herramientas que estaba usando —como ChatGPT— formaban parte de la llamada IA estrecha. Sistemas diseñados para hacer una sola cosa muy bien: escribir, generar imágenes o atender clientes mediante chatbots. Y ya estaban en todas partes. Incluso su termostato la usaba.

La IA general, aprendió, era una idea hipotética: máquinas que pudieran pensar y razonar como las personas. Aún no existía. Y luego estaba la Super IA. Eso ya era terreno de ciencia ficción: máquinas autoconscientes y escenarios tipo Terminator. Fascinante, pero lejano.

Daniel se obsesionó con usar la IA para hacer la vida más fácil. Le pidió a ChatGPT que creara exámenes de opción múltiple. Le ahorró horas. Usó un generador de video con IA para crear animaciones para sus clases. A sus estudiantes les encantaron. Luego intentó algo audaz: empezó a vender plantillas de lecciones en un mercado para profesores.

Lo sorprendente fue que se vendieron. Rápido. Lo que antes le tomaba todo un fin de semana, ahora le tomaba 20 minutos con ChatGPT. En su primera semana ganó $86. Al mes siguiente, $342. Al siguiente, más de $600.

Ya no solo estaba usando la IA. Estaba ganando dinero con ella.

Todo sin saber programar. Todo sin salir de casa.

Una noche, mientras revisaba descargas y comentarios de clientes, Mia volvió a asomarse por encima de su hombro.

—¿Ese es el robot que te está ayudando? —preguntó.

Daniel sonrió.
—Sí —respondió—. Pero el robot no me reemplaza. Trabaja para mí.

Y ahí fue cuando todo encajó: la IA no era algo a lo que temerle. No era una asesina de empleos. Era una herramienta, como una calculadora o un microondas. Quienes aprendieran a usarla avanzarían más rápido, trabajarían de forma más inteligente y vivirían con mayor libertad.

Daniel cerró su laptop esa noche y se dio cuenta de algo profundo. El mundo estaba cambiando. Rápidamente. Pero por primera vez en la historia, personas comunes —profesores, padres, creadores, freelancers— tenían acceso a la tecnología que antes solo estaba al alcance de los gigantes de Silicon Valley.

Todo lo que había que hacer... era empezar.

Capítulo 2: Las Principales Herramientas De IA Que Puedes Usar Hoy

No se requiere programación

No necesitas ser desarrollador, científico de datos ni ingeniero para usar la IA. De hecho, las herramientas de IA más rentables disponibles hoy están diseñadas para usuarios no técnicos. Vienen con interfaces sencillas y, a menudo, funcionan como Google Docs o Canva. Muchas son gratuitas o de bajo costo, y están pensadas para ayudarte a crear, automatizar y escalar, sin necesidad de experiencia previa.

Piensa en estas herramientas como tus empleados virtuales: redactores, diseñadores, editores, locutores e incluso consultores de negocio.

Veamos las herramientas más populares y potentes que puedes empezar a usar hoy.

Herramientas basadas en texto

Estas herramientas te ayudan a generar contenido, hacer lluvia de ideas, automatizar correos electrónicos o incluso crear negocios completos.

ChatGPT (OpenAI)

Úsalo para: escribir entradas de blog, correos electrónicos, descripciones de productos, guiones, planes de clase, textos publicitarios y más.

Potencial de ganancias: vender eBooks, crear cursos digitales, trabajos de redacción freelance, automatizar comunicaciones con clientes.

Claude (Anthropic)

Úsalo para: resumir documentos extensos, redactar contenido legal o técnico, o apoyar investigaciones.

Jasper

Úsalo para: crear contenido optimizado para SEO y campañas de marketing más rápido. Ideal para marketers y agencias.

Herramientas visuales de IA

Estas herramientas generan imágenes, presentaciones o miniaturas de video; son ideales para creadores de contenido, diseñadores y marketers.

Midjourney

Úsalo para: crear arte con IA hermoso y detallado para libros, cursos, pósters, redes sociales y NFTs.

Potencial de ganancias: vender diseños en Etsy, crear portadas para libros de KDP, ofrecer servicios de diseño.

DALL·E (OpenAI)

Úsalo para: generar ilustraciones, íconos o conceptos visuales rápidamente.

Herramientas de IA de Canva

Úsalas para: crear presentaciones, logotipos y kits de marca con funciones de texto a imagen impulsadas por IA.

Herramientas de audio y voz

Son perfectas para creadores de podcasts, productores de audiolibros, reutilización de contenido y cualquiera que quiera crear usando su voz.

ElevenLabs

Úsalo para: convertir cualquier texto en una voz natural. Clona tu voz o utiliza narradores de IA.

Potencial de ganancias: crear y vender audiolibros, cursos, anuncios y locuciones.

Play.ht

Úsalo para: generar voces para videos o lecciones en línea.

Descript
Úsalo para: grabar y editar podcasts y videos mediante edición basada en texto.

Herramientas de creación de video

Estas herramientas te permiten producir contenido en video sin tomar una cámara.

Synthesia
Úsalo para: crear videos con avatares de IA para YouTube, capacitaciones, anuncios y cursos.

HeyGen
Úsalo para: crear videos tipo "cabeza parlante" a partir de texto. Incluso puedes traducirlos a otros idiomas.

Pictory & Invideo
Úsalos para: convertir entradas de blog o guiones en videos cortos y atractivos para TikTok, YouTube Shorts e Instagram Reels.

Herramientas de automatización y productividad

Estas herramientas te ahorran tiempo y te ayudan a construir sistemas que funcionan en piloto automático.

Notion AI

Úsalo para: gestionar proyectos, escribir notas, crear planes de negocio y generar ideas.

Zapier

Úsalo para: conectar tus herramientas de IA y automatizar tareas (por ejemplo, enviar leads de un formulario a tu correo y a Google Sheets).

Chatbase

Úsalo para: crear chatbots de IA personalizados entrenados con tus propios documentos o sitio web.

Cómo elegir las herramientas correctas

No necesitas todas. Empieza con 1–2 herramientas según lo que quieras crear:

Objetivo — Herramienta recomendada

Escribir un eBook — ChatGPT o Claude

Crear lecciones en video — Synthesia o Invideo

Vender productos digitales — Canva, ChatGPT, Midjourney

Narrar audiolibros — ElevenLabs

Crear chatbots o automatizaciones — Chatbase + Zapier

Los creadores más inteligentes eligen un flujo de trabajo simple y lo repiten. Por ejemplo:

- Escribir contenido con ChatGPT
- Convertirlo en video con Invideo
- Usar ElevenLabs para crear locuciones
- Vender el resultado en una plataforma (YouTube, Etsy, Udemy, etc.)

Resumen

Las herramientas de IA son tu nuevo equipo. Te permiten avanzar más rápido, construir a menor costo y llegar a audiencias más amplias que nunca. No necesitas aprenderlas todas; elige las que se alineen con tus habilidades o metas de ingresos y apuesta por ellas al máximo.

A continuación, seguiremos la historia de alguien que comenzó con solo una de estas herramientas y cambió por completo su futuro financiero.

Ella estaba agotada.

Julia miró su teléfono. Eran las 2:07 a. m.

Su bebé por fin se había dormido después de una noche de dentición, y los platos seguían apilados en el fregadero. No solo estaba cansada: estaba estancada.

Ex diseñadora gráfica convertida en madre que se queda en casa, Julia había estado intentando llegar a fin de mes vendiendo impresiones digitales hechas a mano en Etsy. Pero entre cambios de pañales y compras del supermercado, no tenía tiempo para crear nada nuevo.

Una noche, mientras navegaba por un grupo de Facebook para mamás emprendedoras, alguien mencionó una herramienta llamada Midjourney: una IA que podía convertir texto simple en arte impresionante.

Escéptica pero curiosa, Julia descargó Discord y escribió su primer prompt:
"Ilustraciones de animales para habitación infantil en acuarela – colores pastel suaves".

Lo que apareció la dejó sin palabras. Las imágenes eran mejores que cualquier cosa que hubiera dibujado. Y se generaron en segundos.

Esa noche creó 15 piezas nuevas usando Midjourney. Al día siguiente las subió a su tienda de Etsy con nuevos títulos y etiquetas. Al final de la semana, había ganado $96 en ventas digitales, más que todo el mes anterior junto.

Se sumergió más.

Encontró ChatGPT, que la ayudó a escribir descripciones de productos y textos para redes sociales. Luego descubrió Canva AI, que le permitió diseñar pines de Pinterest en minutos. Después, Pictory la ayudó a crear TikToks cortos sin mostrar su rostro: solo videos de stock, texto en pantalla y narración con voz de IA.

En dos semanas, su tienda pasó de "ventas ocasionales" a notificaciones diarias.

Su esposo no lo podía creer.

—¿Me estás diciendo que un robot hizo esa pintura de jirafa? —preguntó riendo, sosteniendo una impresión enmarcada.

—No —sonrió ella—. La hice yo... con ayuda.

Julia no era programadora. No se consideraba "tecnológica". Solo tenía el deseo de intentarlo. De experimentar. De construir algo que pudiera generar dinero mientras su hija dormía la siesta.

Al final de su primer mes usando herramientas de IA, tenía un sistema optimizado:

- Usaba ChatGPT para generar ideas de productos y palabras clave de SEO.
- Usaba Midjourney para crear imágenes originales.
- Usaba Canva para armar paquetes de productos y maquetas.
- Usaba Pictory y ElevenLabs para reutilizar sus listados en anuncios de video cortos para Instagram.

Todo lo que antes le costaba tanto crear ahora le tomaba minutos. ¿Y las ventas? Seguían subiendo. $96 se convirtieron en $284. Luego en $787.

Julia se dio cuenta de que no tenía que elegir entre la maternidad y la libertad financiera. La IA le permitió tener ambas.

Fue entonces cuando empezó a decirle a todos:
"No tienes que ser experto en IA; solo tienes que usarla de forma inteligente".

Y apenas estaba comenzando.

Capítulo 3: 10 Formas Reales De Ganar Dinero Con La IA Empezando Esta Semana

El objetivo de este capítulo es tomar todo lo que has aprendido hasta ahora y mostrarte **exactamente cómo personas reales están convirtiendo herramientas de IA gratuitas y de bajo costo en fuentes de ingresos**, incluso sin experiencia previa.

No son teorías. Son métodos reales, con baja barrera de entrada y alto potencial, para ganar dinero usando herramientas como ChatGPT, Midjourney, ElevenLabs y muchas más.

*Repasemos las **10 principales**.*

1. Vender imprimibles o arte en Etsy

Usa Midjourney o DALL·E para crear ilustraciones originales, pósters, libros para colorear o láminas infantiles. Luego súbelos a Etsy como descargas digitales.

Ejemplo de ganancias:

- 1 imprimible se vende por $5

- Vender 10 al día = $50/día o $1,500/mes
- Una vez subido, es ingreso pasivo

Herramientas: Midjourney, Canva, ChatGPT (para SEO y descripciones)

2. Crear y vender eBooks o cuadernos de trabajo

Escribe guías prácticas cortas o cuentos infantiles con ChatGPT, maquetalos en Canva y publícalos en Amazon KDP o Gumroad.

Ejemplo de ganancias:

- Un eBook de 25 páginas se vende por $9
- 50 ventas al mes = $450/mes

Herramientas: ChatGPT, Canva, Amazon KDP

3. Ofrecer servicios freelance mejorados con IA

Agrega IA a tus servicios de redacción, edición o diseño. Ofrece entregas rápidas usando herramientas como Jasper, Grammarly o Canva.

Ejemplo de ganancias:

- Cobrar $100 por artículo

- Entregar 3 al día usando IA = $300/día

Herramientas: ChatGPT, Jasper, Canva, Grammarly

4. Lanzar un canal de YouTube sin mostrar tu rostro

Usa Pictory, ChatGPT y ElevenLabs para crear videos de YouTube. Deja que la IA haga el guion, la voz y la producción.

Ejemplo de ganancias:

- 1 video viral = $100–$1,000 en ingresos por anuncios
- 50+ videos pueden generar $1,000–$5,000/mes con afiliados y ads

Herramientas: Pictory, ElevenLabs, ChatGPT

5. Vender cursos digitales o tutoriales

Deja que ChatGPT cree el temario. Usa Synthesia o HeyGen para las lecciones en video. Vende en Udemy, Teachable o Kajabi.

Ejemplo de ganancias:

- Curso de $97
- 100 ventas = $9,700

- Lo creas una vez y se vende para siempre

Herramientas: ChatGPT, Synthesia, Kajabi, Canva

6. Crear y vender voces con IA, audiolibros o podcasts

Usa ElevenLabs para narrar audiolibros, artículos o videos de YouTube. Vende audiolibros en Findaway Voices o locuciones en Fiverr.

Ejemplo de ganancias:

- $75 por locución de 30 minutos
- 10 al mes = $750/mes

Herramientas: ElevenLabs, Descript, Findaway Voices

7. Crear blogs de nicho o sitios de afiliados con IA

Usa ChatGPT para escribir artículos, reseñas y guías. Monetiza con afiliados de Amazon, anuncios o patrocinios.

Ejemplo de ganancias:

- $200–$1,000+/mes con tráfico y afiliados

Herramientas: ChatGPT, Jasper, WordPress, Surfer SEO

8. Crear y vender canales "faceless" de YouTube Shorts e Instagram

Crea contenido corto con Invideo, CapCut y voces de IA. Haz crecer el canal y véndelo (o monetízalo con afiliados).

Ejemplo de ganancias:

- Canales con 10K+ seguidores pueden venderse por $2,000–$10,000+

Herramientas: Invideo, ElevenLabs, CapCut

9. Crear chatbots o herramientas con IA

Usa plataformas como Chatbase o ManyChat para crear bots inteligentes para atención al cliente o generación de leads, y véndelos a pequeños negocios.

Ejemplo de ganancias:

- Cobrar $99/mes por cliente
- 10 clientes = $990/mes recurrentes

Herramientas: Chatbase, Notion, Zapier

10. Crear micro-agencias de servicios con IA

Inicia una micro-agencia que ofrezca servicios completos impulsados por IA: contenido, video, voces y automatización.

Ejemplo de ganancias:

- $500/mes por cliente × 10 = $5,000/mes

Herramientas: combinación completa (ChatGPT, Canva, Synthesia, Zapier)

Consejo final: elige 1 y empieza en pequeño

No intentes los 10 a la vez. Elige **un método** que encaje con tus habilidades o intereses. Dedica un fin de semana a probarlo. Cuando veas resultados, puedes automatizar o escalar con más herramientas de IA.

Hablemos de Carlos por un momento

Lo acababan de despedir.

Después de cinco años trabajando en soporte técnico para una empresa mediana, un solo correo eliminó su sueldo.

"Estamos reduciendo personal. Gracias por tus servicios." Eso fue todo.

Sin indemnización. Sin aviso. Solo una laptop que debía devolver y una vaga promesa de "mantener el contacto".

A los 34 años, con la renta por pagar y sin trabajo a la vista, el pánico comenzó a aparecer. Pero en lugar de perderse en redes sociales, Carlos abrió su navegador y escribió:
"Cómo ganar dinero con IA."

Había oído hablar de ChatGPT. Un amigo le había mostrado cómo respondía correos como por arte de magia. Pero nunca pensó en usarlo para ganar dinero. Esa noche, la curiosidad se convirtió en obsesión. Cayó en un agujero de tutoriales, hilos de Reddit y videos de YouTube sobre personas que usaban IA para crear canales de YouTube, vender libros y generar arte, sin programar, sin cámaras y sin saber diseño.

Para la mañana siguiente, Carlos ya tenía un plan.

Abrió un Google Doc y le pidió a ChatGPT:
"Dame 10 ideas de canales de YouTube sin mostrar el rostro, de bajo costo y que puedan generar dinero rápido."

La respuesta llegó al instante con ideas como:

- Top 10 datos curiosos

- Frases inspiradoras
- Biografías cortas
- Consejos de vida para adolescentes
- Tips de salud mental

Carlos eligió una: **Consejos de vida para adolescentes**.

Le pidió a ChatGPT que escribiera 5 guiones de video, cada uno de menos de 90 segundos. Tardó menos de 10 minutos. Luego fue a Pictory.ai, subió uno de los guiones y eligió un tema visual. Pictory convirtió el texto en un video, agregando automáticamente clips, subtítulos y transiciones.

Para la voz, se registró en ElevenLabs, eligió una voz tranquila y amigable, y pegó el guion.

Listo. Su primer video estaba terminado.

Lo subió a un canal nuevo llamado **"GlowUp Talks"**. Nada sofisticado: un video sin rostro, automatizado con IA, de 60 segundos, dando consejos a estudiantes de secundaria sobre cómo manejar la presión social.

Repitió el proceso durante cinco noches seguidas.

Al sexto día, uno de los videos alcanzó 4,800 vistas. Los comentarios comenzaron a llegar:

"Esto realmente me ayudó."

"¡Por favor haz más!"

Carlos no recordaba haberse sentido tan esperanzado.

En un mes, había publicado 30 videos cortos usando el mismo sistema:

- ChatGPT para guiones
- Pictory para video
- ElevenLabs para la voz
- Canva para miniaturas

No mostró su cara. Ni siquiera usó un micrófono. Y aun así, su canal alcanzó 1,000 suscriptores en 21 días.

En la cuarta semana ganó $314 con los bonos de YouTube Shorts. Añadió enlaces de afiliados a diarios de salud mental para adolescentes y apps de productividad, y eso le generó otros $107.

No era rico. Todavía no.

Pero era libre. No estaba rogando por entrevistas. No estaba actualizando currículums para trabajos a los que no les importaba. Estaba construyendo algo... en sus propios términos.

¿Su segundo canal? Lo creó con recetas generadas por IA e imágenes de comida hechas con Midjourney. ¿El tercero? Frases deportivas motivacionales narradas con voces de IA.

Carlos no solo se recuperó de haber sido despedido. Lo convirtió en una plataforma de lanzamiento.

A menudo decía:
"La IA no solo me ahorró tiempo. Me devolvió el control."

Y de eso se trata realmente todo esto: no solo de ganar dinero con IA, sino de usarla para recuperar tu tiempo, tu libertad y tu futuro.

Capítulo 4: Cómo Crear Un Negocio Impulsado Por IA Con Una Sola Persona

La IA no solo te ayuda a ganar dinero: te permite **dirigir un negocio completo tú solo**, gracias al poder de la automatización, la delegación y los sistemas digitales. Este capítulo te muestra cómo lanzar un negocio rentable, escalable y de una sola persona usando herramientas de IA, ya sea que trabajes como freelancer, vendas productos digitales o construyas una marca online.

El nuevo modelo de negocio: Tú + IA = Equipo

Antes, dirigir un negocio requería un equipo:

- Un redactor
- Un diseñador
- Un editor de video
- Un representante de atención al cliente
- Un experto técnico

Hoy, puedes reemplazar la mayoría (o todos) esos roles con herramientas de IA que cuestan entre $0 y $50 al mes en total. Así podría verse tu equipo impulsado por IA:

Rol — Herramienta de IA

Redactor — ChatGPT, Jasper

Diseñador — Canva, Midjourney

Locutor — ElevenLabs

Editor de video — Invideo, Pictory

Administración — Notion AI, Zapier

Ventas y soporte — Chatbase, ManyChat

Elige un modelo de negocio simple

Escoge **uno** de estos modelos de bajo riesgo y amigables con la IA:

Productos digitales

Crea y vende eBooks, cursos, plantillas, arte, guías o planners.

Servicios freelance

Ofrece creación de contenido, diseño, SEO, edición de video o configuraciones de automatización.

Marketing de afiliados

Construye un sitio de nicho o un canal de YouTube que promocione productos con enlaces de afiliado.

Negocio basado en contenido

Crea una página monetizada en YouTube, TikTok o Instagram alrededor de un nicho usando IA.

Crea tu base (plan de lanzamiento en un fin de semana)

Así puedes construir tu negocio en un solo fin de semana:

Día 1: Marca + Oferta

- Usa ChatGPT para generar nombres de negocio
- Diseña tu logo en Canva
- Define tu oferta: ¿qué estás vendiendo o promocionando?

Día 2: Construye tus activos

- Usa IA para crear tu producto, contenido o plantillas de servicio
- Configura una web o landing page sencilla (Carrd, Systeme.io, Gumroad)
- Crea 3–5 publicaciones o videos usando Pictory o Canva

Día 3: Lanza y monetiza

- Sube tu producto a Gumroad o Etsy

- Publica contenido en redes sociales o YouTube
- Agrega enlaces de afiliado si aplica
- Usa Zapier o Chatbase para automatizar soporte o entregas

Ahora tienes un negocio completamente funcional, **sin empleados**.

Automatiza y escala con IA

Cuando empieces a generar tus primeros $100–$500, sube de nivel así:

- Automatiza correos con MailerLite o Systeme.io
- Crea un chatbot con IA usando Chatbase para responder preguntas frecuentes
- Usa Zapier para enviar leads o datos de ventas a Google Sheets
- Reutiliza una pieza de contenido en 5 formatos con IA (texto, imagen, audio, video y blog)

Errores comunes que debes evitar

- **Hacer todo manualmente:** deja que la IA se encargue del 80% de las tareas repetitivas.

- **Usar demasiadas herramientas:** quédate con 2–3 herramientas clave que uses a diario.
- **Complicar demasiado tu oferta:** mantenla simple y escalable.
- **No validar tu producto:** usa IA para crear MVPs rápido y obtener feedback real.

Resumen: Tú eres el CEO, la IA es el equipo

Un negocio impulsado por IA te pone en control. Ya no intercambias horas por dinero ni esperas a que alguien te contrate. Estás construyendo una fuente de ingresos que puede funcionar 24/7, incluso mientras duermes.

No escalas contratando más empleados. Escalas con automatización y herramientas.

¿Y lo mejor? Puedes hacerlo a medio tiempo, desde tu teléfono, sin inversionistas ni oficina.

En la próxima historia conocerás a alguien que construyó un ingreso de tiempo completo con solo su laptop, unas pocas herramientas de IA... y una decisión valiente de fin de semana.

Tanya no había trabajado en un empleo tradicional durante más de seis años. No porque no quisiera, sino porque la vida tenía otros planes.

Era cuidadora a tiempo completo de su madre, que luchaba contra el Alzheimer de inicio temprano. Entre medicamentos, comidas y visitas médicas, la vida de Tanya no permitía horarios de 9 a 5 ni rutinas predecibles. Lo que sí le permitía eran pequeños momentos de silencio... y eso era todo lo que necesitaba.

En uno de esos momentos tranquilos, mientras veía YouTube, apareció un video titulado:
"Cómo manejo un negocio de $10K al mes yo sola usando IA."

Casi lo pasa de largo. Pero algo en la miniatura —una mujer sentada en un sofá con una laptop, sin oficina ni empleados— le resultó familiar.

Tanya hizo clic.

Ese video abrió una puerta que no sabía que existía. Explicaba cómo herramientas como ChatGPT, Canva y Gumroad podían usarse para crear productos digitales como checklists, diarios y guías. Mostraba que la IA no era solo para "tech bros", sino también para madres, cuidadores y creadores.

Tanya decidió intentarlo.

Ese fin de semana le preguntó a ChatGPT:
"¿Cuáles son 10 ideas de productos digitales para cuidadores?"

La respuesta llegó al instante:

- Guías de planificación de comidas
- Seguidores de medicación
- Diarios de cuidado para Alzheimer
- Plantillas de seguimiento diario
- Cuadernos de apoyo emocional

Eligió tres y le pidió a ChatGPT que creara algunos esquemas. Luego abrió Canva, seleccionó una plantilla de diario y comenzó a editar. En menos de 24 horas había creado un **Diario diario de cuidado para la demencia** de 25 páginas, con casillas, preguntas y espacio para notas.

Lo subió a Gumroad, fijó el precio en $12 y compartió el enlace en un grupo de Facebook para cuidadores. Esa noche hizo su primera venta.

Durante el mes siguiente, Tanya creó una biblioteca completa de productos digitales, todos hechos con IA:

- Un planificador semanal de cuidados
- Una hoja imprimible de contactos de emergencia
- Una lista de autocuidado para cuidadores

Usó ChatGPT para escribir los textos. Canva para diseñar. MailerLite para configurar correos automáticos para quienes descargaban recursos gratuitos. Construyó todo el negocio —cada producto, cada página, cada email— ella sola.

¿Los resultados?
Mes uno: $207.
Mes dos: $641.
Mes tres: $1,226.

Más importante aún, era flexible. Podía trabajar durante las siestas o por la noche. No perdía plazos ni respondía a un jefe. Estaba construyendo algo propio, en sus propios términos.

Para automatizar el soporte al cliente, añadió Chatbase entrenado con sus preguntas frecuentes e instrucciones. Integró Zapier para actualizar automáticamente sus Google Sheets cuando entraban ventas. Su pequeño negocio funcionaba mejor que muchos con equipos completos.

La gente empezó a preguntar:
—¿Quién está en tu equipo?

Tanya sonreía y respondía:

—Solo yo... y unos cinco robots.

Su historia no trataba de hacerse millonaria. Trataba de **recuperar la libertad**. Ya no se sentía atrapada. La IA no solo le dio herramientas: le dio tiempo, dignidad y esperanza.

Capítulo 5: De $0 A $1,000 — Tu Primer Plan De Ingresos Con IA

No necesitas meses para generar tus primeros ingresos con IA. En este capítulo recorreremos **un plan de acción de 7 días** para pasar de cero a tus primeros **$1,000 en ganancias impulsadas por IA**, usando herramientas y estrategias que ya hemos cubierto.

Ya seas un principiante absoluto o alguien que ya está experimentando con la IA, esta hoja de ruta te ayuda a moverte rápido, enfocarte y hacerlo realidad.

Día 1: Elige tu modelo de negocio con IA

Escoge **uno** de los tres modelos que mejor se adapten a tu tiempo, habilidades e intereses:

Modelo — Ejemplo de fuente de ingresos
Productos digitales — eBooks, imprimibles, arte con IA, plantillas
Creación de contenido — YouTube Shorts, Instagram Reels, blogs

Servicios freelance — redacción, edición y producción de video con IA

No lo pienses demasiado: elige uno y **comprométete por los próximos 7 días**.

Día 2: Elige tu nicho

Usa ChatGPT para afinar tu enfoque. Pregunta:
"Dame 10 ideas rentables de productos digitales para [profesores, fitness, mamás, amantes de mascotas, etc.]"

Elige un nicho que disfrutes o conozcas. Avanzarás más rápido y crearás mejores resultados.

Día 3: Crea tu primer producto o pieza de contenido

Usa tus herramientas:

- **ChatGPT** para estructurar y escribir
- **Canva** para diseñar un lead magnet, producto o eBook
- **Midjourney o Pictory** para crear imágenes o videos
- **ElevenLabs** para locuciones o narración

Ejemplos:

- Un planificador de comidas de 10 páginas para profesionales ocupados
- Un video motivacional para adolescentes narrado con IA
- Un mini eBook con prompts diarios de escritura

Consejo: no busques que sea perfecto; busca que esté terminado.

Día 4: Configura tu sistema de ventas

Puedes vender o promocionar a través de:

- **Gumroad** (productos digitales)
- **Etsy** (imprimibles y arte con IA)
- **YouTube/Instagram** (monetización de contenido y afiliados)
- **Upwork/Fiverr** (freelancing)

Configura:

- Tu página de producto o servicio
- El método de pago
- La estrategia de precios (empieza entre $5 y $50)

Sube tu producto o publica tu primer video.

Día 5: Promociona gratis

Usa formas rápidas y gratuitas de llamar la atención:

- Comparte en grupos de Facebook de tu nicho
- Publica en Pinterest o Reddit
- Crea un video teaser de 30 segundos con Pictory + ElevenLabs
- Envía mensajes directos a personas que puedan beneficiarse

Pídele a ChatGPT que escriba captions e ideas de publicaciones. Aquí, **el volumen importa más que la perfección.**

Día 6: Automatiza y haz seguimiento

Usa automatizaciones simples con IA:

- **MailerLite** para entregar descargas gratuitas y promocionar ofertas de pago
- **Zapier** para actualizar hojas de cálculo o notificarte de ventas

- **Chatbase** para manejar preguntas frecuentes en tu sitio

Empieza a construir tu sistema ahora, incluso si solo tienes una venta.

Día 7: Refina, repite y escala

Evalúa:

- ¿Qué generó clics, vistas o ventas?
- ¿Qué no funcionó?
- Pregunta a ChatGPT cómo mejorarlo

Crea una segunda oferta o pieza de contenido para ganar impulso.

Muchas personas generan sus primeros **$100–$500** usando este proceso en una semana. Para escalar a **$1,000+**:

- Lanza múltiples productos en tu nicho
- Reutiliza tu contenido en varias plataformas
- Agrupa y haz upsell de tus ofertas

Palabras finales de este capítulo

Tus primeros $1,000 con IA no vendrán de ser el más inteligente. Vendrán de **empezar, lanzar y simplificar**.

Recuerda: no tienes que construir el negocio perfecto; solo lanza una oferta simple, impulsada por IA, que resuelva **un problema**. Todas las herramientas que necesitas ya están en tus manos.

A continuación, conocerás a alguien que hizo exactamente eso... y cambió su vida en el proceso.

Lena tenía **$64 en su cuenta bancaria**.

Acababa de dejar su trabajo en una clínica dental después de dos años de estar sobrecargada y mal pagada. Sin ahorros. Sin respaldo. Solo una promesa silenciosa a sí misma:
"Voy a construir algo que me dé control."

Esa misma noche vio un video en TikTok que decía:
"Puedes crear y vender un producto digital en 24 horas con IA. Empieza con ChatGPT y Canva. Súbelo a Gumroad. Listo."

¿De verdad podía ser tan simple?

Lena no tenía experiencia en negocios. Ni seguidores en redes sociales. Pero tenía una laptop, Wi-Fi gratis de un café local y muchísima motivación.

Abrió ChatGPT y escribió:
"Dame 10 ideas de productos digitales para personas que quieren mantenerse organizadas."

La IA respondió con:

- Planificadores diarios
- Guías de preparación de comidas
- Seguidores de presupuesto
- Listas de limpieza
- Rutinas de autocuidado

La última llamó su atención.

Siempre había sido la "amiga organizada", ayudando a otros a ordenar su vida con rutinas, listas y tableros visuales. ¿Por qué no convertir eso en un producto?

Le pidió a ChatGPT que generara una **lista semanal de autocuidado**, con bloques de tiempo, afirmaciones y tareas diarias de bienestar. Luego pegó el esquema en Canva, eligió una plantilla minimalista en tonos pastel, añadió íconos y creó un PDF limpio de 10 páginas en menos de 3 horas.

El resultado:
"El Diario de Reinicio de Autocuidado de 7 Días"

Lo subió a Gumroad, lo puso a $9 y lo compartió en 3 grupos de Facebook enfocados en salud mental y crecimiento personal para mujeres. Sin anuncios. Sin sitio web elegante.

¿El primer día? Cero ventas.
¿El segundo día? Nada aún.

Pero al tercer día, despertó con una notificación de PayPal:
"Has recibido $9 de Sarah P."

Lena casi lloró.

Esa pequeña notificación representaba algo enorme: la prueba de que podía crear valor y recibir pago por ello, sin jefe ni reloj de fichar.

Al final de la semana había:

- Creado 2 diarios más (un planificador de comidas y un tracker de productividad)
- Configurado MailerLite para entregar versiones gratuitas a cambio de correos
- Publicado a diario en Instagram usando Canva + frases creadas con ChatGPT

Ganó **$93 en su primera semana**. Para la tercera semana, superó los **$1,000 en ventas totales**.

Lena no solo vendía listas. Vendía **tranquilidad mental**. Primero la suya... y luego la de otros.

Su negocio siguió creciendo: añadió meditaciones guiadas por voz con ElevenLabs, Reels cortos creados en Pictory y un paquete de kits imprimibles que ahora se venden en piloto automático. A veces seguía trabajando desde el café, audífonos puestos, latte en mano.

Y cuando la gente le preguntaba:
—¿A qué te dedicas?

Ella sonreía y decía:
"Creo magia digital con IA."

Porque eso fue lo que construyó: no una startup, no un "hustle"... **sino una vida**.

Capítulo 6: Automatiza Todo Y Deja Que La IA Dirija El Negocio Por Ti

El verdadero poder de la IA no está solo en la creación de contenido, sino en la **automatización**.

En este capítulo te mostraremos cómo configurar **sistemas simples e inteligentes** para que tu negocio impulsado por IA funcione prácticamente solo: recopilando leads, entregando productos, publicando contenido y respondiendo preguntas **sin que tengas que mover un dedo**.

¿Qué es la automatización con IA?

La automatización con IA combina herramientas de software, lógica e inteligencia artificial para que las tareas repetitivas se ejecuten en segundo plano, de forma constante e instantánea.

Ejemplos:

- Enviar automáticamente un correo de agradecimiento después de una compra
- Entregar un producto digital 24/7
- Reutilizar un solo video en 5 formatos distintos
- Usar un chatbot para responder preguntas frecuentes de tu negocio

Estas tareas ya no necesitan a una persona: la IA las hace **mejor, más rápido y más barato**.

Herramientas clave que usarás

Aquí tienes las herramientas de automatización más potentes (y fáciles para principiantes):

Tarea — Herramienta — Qué hace

Entrega de correos — MailerLite, Systeme.io — Envía correos de bienvenida, enlaces de productos y newsletters

Automatización de flujos — Zapier, Make — Conecta apps y automatiza tareas (ej.: "Si hay una venta, entonces actualiza la hoja de cálculo")

Atención al cliente — Chatbase, ManyChat — Chatbots con IA que responden 24/7

Redes sociales — Repurpose.io, Pictory — Publica contenido automáticamente o lo adapta a múltiples plataformas

Agendado y formularios — Tally.so, Calendly — Agenda llamadas o recopila registros sin responder manualmente

Qué automatizar primero (victorias rápidas)

Empieza con automatizaciones de **alto impacto y bajo esfuerzo**:

Entrega de productos

Cuando alguien compra en Gumroad o Etsy, recibe el producto al instante—sin correos manuales ni esperas.

Embudo de lead magnet

Usa MailerLite para enviar un producto digital gratuito a cambio de un email.

Secuencia de bienvenida

Configura una serie de correos de 3 días que eduque, genere confianza y promueva una oferta de pago.

Reutilización de contenido

Convierte un video de 1 minuto en:

- Un YouTube Short
- Un Instagram Reel
- Un TikTok
- Un Pin de Pinterest
- Un resumen de blog (vía ChatGPT)

Cómo configurar tu primer "Zap" (ejemplo)

Supongamos que quieres **añadir automáticamente el nombre y email de un nuevo cliente a una hoja de Google Sheets**.

1. Ve a Zapier.com
2. Crea un nuevo "Zap"
3. Disparador = "Nueva venta en Gumroad"
4. Acción = "Crear fila en Google Sheets"
5. Conecta tus cuentas
6. ¡Listo!

Ahora tienes tus datos de ventas **registrados automáticamente en tiempo real**.

Automatiza para escalar, no para desaparecer

La automatización no significa desaparecer del negocio; significa **liberar tu tiempo** para tareas de mayor nivel:

- Crear más productos
- Construir mejores ofertas

- Probar anuncios
- Colaborar con otros

Trabajas **EN** el negocio, no **DENTRO** del negocio.

Incluso si hoy solo ganas $500 al mes, la automatización asegura que esos $500 **no requieran $500 de tu tiempo**.

Resumen: construye un sistema que funcione sin ti

No necesitas contratar un asistente virtual ni formar un equipo: **la IA es el equipo**. Configura una automatización por semana y, al final de un mes, tu negocio podrá:

- Captar leads
- Entregar productos
- Dar seguimiento a clientes
- Publicar contenido
- Responder preguntas

...todo sin ti.

A continuación, conocerás a alguien que pasó de ser un solopreneur abrumado a un **"CEO de IA"**, dejando que la automatización hiciera el trabajo pesado.

Ravi estaba agotado.

Había lanzado su primer producto digital—una plantilla de Notion para emprendedores—y estaba emocionado al ver las ventas llegar en su primera semana. Veintisiete ventas, para ser exactos. A $17 cada una, era más de lo que jamás había ganado en línea.

Pero en la segunda semana, se estaba ahogando.

Cada pedido significaba:

- Enviar manualmente enlaces de descarga
- Responder las mismas preguntas por correo
- Enviar recibos
- Publicar en redes sociales para mantener el tráfico
- Actualizar una hoja de cálculo para llevar el control de ventas

Había creado un producto que generaba dinero. Pero también había creado **otro trabajo**—y ya tenía uno de esos.

Ravi necesitaba ayuda. Rápido.

Un amigo le presentó Zapier, y todo cambió.

En una sola tarde aprendió a:

- Entregar automáticamente el producto a través de Gumroad
- Enviar un correo de agradecimiento con un checklist de regalo usando MailerLite
- Añadir la información del cliente a una hoja de Google Sheets
- Etiquetarlo para una futura campaña de upsell

Una sola configuración. **Tiempo ahorrado para siempre**.

Luego Ravi descubrió Chatbase. Subió un PDF con respuestas a las preguntas más comunes de los clientes. Ahora, cuando alguien escribía:
"¿Cómo duplico la plantilla?" o "¿Es compatible con el móvil?", su chatbot con IA se encargaba.

Nada de correos nocturnos. Nada de estrés.

Después abordó las redes sociales.

Usando Pictory, Ravi convirtió una entrada de blog en cinco videos cortos. Luego Repurpose.io los publicó automáticamente en TikTok, Instagram, Facebook, YouTube y LinkedIn, según un calendario.

Ni siquiera abría las apps.

En pocas semanas, el negocio de Ravi se transformó por completo. Su producto se vendía en piloto automático. Sus correos se escribían y enviaban solos. Sus clientes eran atendidos por bots. Su contenido se reutilizaba y compartía... mientras él trabajaba en su siguiente idea.

Él lo llamó **"Delegación Digital"**.

Y eso le permitió pasar de operador a propietario.

Ravi ya no sentía que corría en una caminadora sin fin. Había construido un sistema que funcionaba solo—usando IA.

Ahora, cuando alguien le preguntaba a qué se dedicaba, su respuesta era simple:

"Construyo negocios que no me necesitan."

Y esa se convirtió en su nueva misión: no solo generar ingresos, sino crear **sistemas de ingresos automatizados** que generaran libertad.

Empezó con una plantilla de Notion y un fin de semana usando herramientas de IA.

Hoy se despierta con notificaciones de Stripe mientras toma café en pijama.

¿Y lo mejor?

Nunca tuvo que contratar a una sola persona.

Capítulo 7: Cómo Convertir La IA En Fuentes De Ingresos Pasivos Que Crecen Con El Tiempo

Los **ingresos pasivos** significan ganar dinero de forma continua por un trabajo que hiciste una sola vez. Con la IA, crear ingresos pasivos no solo es posible: es **más rápido, más simple y más accesible que nunca**. En este capítulo exploraremos cómo construir fuentes de ingresos usando IA que no pagan una sola vez, sino que continúan generando dinero mes tras mes, con poco o ningún esfuerzo continuo.

El primer paso es cambiar tu mentalidad: pasar de **intercambiar tiempo por dinero** a **construir activos digitales**. Estos activos—como eBooks, cursos, imprimibles, plantillas, canales de YouTube sin rostro y arte generado con IA—pueden crearse rápidamente con herramientas de IA y venderse repetidamente en piloto automático. Con plataformas como Amazon KDP, Gumroad, Etsy, YouTube y Udemy, no necesitas tu propio sitio web ni una audiencia para comenzar. Estas plataformas ya tienen compradores buscando exactamente los productos que puedes crear con ChatGPT, Midjourney, Canva o ElevenLabs.

Veamos algunos ejemplos. Un eBook sencillo de 25 páginas escrito con ChatGPT puede subirse a Amazon KDP y venderse por $9.99. Si vende solo 100 copias al mes, eso son $999 en ingresos pasivos. Un planificador imprimible diseñado en Canva puede listarse en Etsy y descargarse un número ilimitado de veces. Un curso digital grabado con Synthesia o HeyGen puede vivir para siempre en Udemy, generando estudiantes mientras duermes. Un audiolibro narrado con voz creada en ElevenLabs puede distribuirse a través de Findaway Voices y generar regalías en todo el mundo.

La clave es que cada uno de estos activos es **escalable**. Ya vendas 10 o 10,000 copias, tu costo y tu tiempo se mantienen iguales. Ese es el poder de los productos digitales y la IA: puedes llegar a mercados globales al instante, sin inventario, envíos ni empleados. Para que esto funcione, enfócate en resolver **un problema claro** de forma repetible. Por ejemplo, si creas una guía para ayudar a nuevos padres a gestionar los horarios de sueño y realmente les ayuda, la recomendarán a otros. La IA puede ayudarte a escribirla, darle formato, narrarla e incluso diseñar la portada. La creas una vez. Te paga para siempre.

Pero los ingresos pasivos reales no significan no hacer nada. Significan **hacer el trabajo una vez** y luego configurar sistemas que lo promocionen y entreguen de manera constante. Ahí es donde entran herramientas de automatización como Zapier, MailerLite, Chatbase y Repurpose.io. Te permiten seguir creando nuevos activos mientras los antiguos continúan generando ingresos. Con el tiempo, estos pequeños flujos empiezan a acumularse—un eBook, un curso, un canal de YouTube a la vez—hasta que has creado un **portafolio de ingresos digitales** que se capitaliza.

No apuntes a hacerte rico con un solo producto. Apunta a construir **cinco a diez activos impulsados por IA** que generen entre $200 y $1,000 al mes cada uno. Eso puede significar una mezcla de libros en KDP, imprimibles, paquetes de arte generado con IA o contenido de video sin rostro. Cada nuevo activo suma a tu ingreso mensual **sin añadir más trabajo**. Así es como las personas pasan de creadores de medio tiempo a generadores de ingresos a tiempo completo: dejando que los sistemas digitales y las herramientas de IA hagan el trabajo pesado con el paso del tiempo.

En la siguiente historia conocerás a alguien que pasó de tener un "side hustle" a una semi-jubilación, simplemente dejando que la IA impulsara su imperio de ingresos pasivos.

Michael nunca se propuso convertirse en emprendedor en línea. Era un profesor de ciencias de secundaria de 52 años, con dos décadas en el aula, un trayecto agotador al trabajo y un deseo silencioso de jubilarse antes de tiempo. Lo que realmente quería era **tiempo**: para leer, viajar, respirar. No tenía formación técnica, ni audiencia online, ni mucho tiempo disponible. Pero un día, durante una capacitación para docentes sobre "tecnología emergente en la educación", escuchó a la presentadora mencionar casualmente ChatGPT.
"Puedes escribir un currículo completo en cinco minutos", dijo.
A Michael se le agudizó el oído.

Esa noche, la curiosidad se convirtió en acción. Michael le pidió a ChatGPT que generara un plan de lección sobre ecosistemas. En segundos entregó un esquema detallado, con actividades, listas de vocabulario y preguntas de discusión. Probó algunos prompts más. Luego pensó: "Si puede escribir lecciones, ¿qué más puede hacer?" Pasó el fin de semana experimentando con ChatGPT, Canva y una cuenta gratuita de Gumroad. Para el domingo por la noche, había creado un producto digital: un **diario de aprendizaje de ciencias de 30 días** para estudiantes de secundaria. Lo fijó a $9, lo subió a Gumroad y lo compartió en un grupo de Facebook para familias que educan en casa.

Para su sorpresa, vendió tres copias en 24 horas. No era mucho—$27 en total—pero era real. Había ganado dinero con algo que creó usando una laptop y una idea. Animado, Michael hizo un segundo producto: un planificador de unidad sobre el clima, con hojas de trabajo y claves de respuestas, nuevamente creadas con ChatGPT y Canva. Esta vez usó Pictory para crear un breve video de vista previa y lo subió a un nuevo canal de YouTube. Añadió un enlace de afiliado al producto en la descripción del video y lo publicó en un subreddit para padres que educan en casa.

Las ventas empezaron a llegar de forma constante. Luego Michael añadió automatización. Configuró MailerLite para entregar una hoja gratuita sobre el clima a cambio de correos electrónicos y luego envió una secuencia de tres días promoviendo su paquete completo. Cada nuevo suscriptor se convertía en un cliente potencial—sin que Michael moviera un dedo. Usó Zapier para registrar cada venta en Google Sheets y Chatbase para responder preguntas sobre los productos. Poco a poco, sus pequeños sistemas comenzaron a trabajar juntos. Un producto creado en un fin de semana seguía generándole ingresos meses después.

A medida que crecía su confianza, también lo hacía su biblioteca de activos. Creó un mini-curso de ciencias de la

Tierra usando avatares de Synthesia, con cuestionarios y explicaciones en video. Usó ElevenLabs para narrar una versión en audiolibro de sus **"30 Días de Desafíos de Ciencias"** y lo listó en Findaway Voices. No contrató a nadie. No grabó videos. Nunca habló frente a un micrófono. Pero su contenido vivía en todas partes—automatizado, siempre vigente y creciendo.

Al final del año, Michael tenía **14 productos digitales** repartidos entre Gumroad, Etsy, Udemy y KDP. Cada uno generaba entre $50 y $400 al mes. Nada se volvió viral. Nada explotó. Pero juntos, le generaban poco más de **$3,800 al mes**—más que su salario como profesor. Por primera vez, vio un camino hacia la jubilación anticipada no basado en ahorros o pensiones, sino en sistemas digitales que construyó desde su sala, con herramientas que cualquiera podía usar.

Cuando la gente le preguntaba cómo tenía tiempo para hacerlo todo, Michael sonreía y decía:
"No lo tengo. La IA lo hace."

Había descubierto el verdadero secreto: construir algo una vez, automatizarlo y pasar al siguiente. Ahora pasa las mañanas leyendo en su porche, mientras su teléfono vibra suavemente con nuevos pedidos, nuevas descargas y nuevos oyentes. Su negocio funciona mientras él descansa. Y cada pequeño producto que añade no le quita más tiempo—solo le da **más libertad**.

Para Michael, la IA no solo ofreció herramientas. Le ofreció un **nuevo futuro**. Uno con menos estrés, más tiempo e ingresos que no se detienen cuando él deja de trabajar. Los ingresos pasivos ya no eran un sueño. Eran su nueva normalidad.

Capítulo 8: Cómo Usar La IA Para Crear Y Vender Productos Digitales A Nivel Global

Los **productos digitales** son uno de los modelos de negocio más escalables, accesibles y rentables del mundo, y la IA hace que crearlos y venderlos a nivel global sea más fácil que nunca. A diferencia de los productos físicos, los bienes digitales no tienen costos de envío, no requieren inventario y no tienen límite en la cantidad de veces que pueden venderse. Ya sea que estés creando un eBook, un curso, un paquete de diseños, un imprimible o incluso una locución generada con IA, puedes venderlo a cualquier persona, en cualquier lugar y en cualquier momento—24/7, los 365 días del año.

La inteligencia artificial elimina casi todas las barreras que antes impedían a las personas convertirse en creadores digitales. ¿No sabes escribir? ChatGPT puede ayudarte a redactar manuscritos completos, guías prácticas, plantillas de correos o guiones. ¿No eres diseñador? Canva y Midjourney te permiten crear visuales, portadas e imprimibles atractivos en minutos. ¿No te gusta salir en cámara? Usa herramientas como Synthesia y HeyGen para generar avatares con apariencia humana que digan tus palabras. ¿Necesitas narración? ElevenLabs ofrece locuciones con sonido natural en múltiples idiomas y acentos. ¿Quieres escalar tu alcance? Las herramientas de traducción con IA como DeepL o ChatGPT te ayudan a ofrecer tu contenido en varios idiomas, abriéndote instantáneamente a mercados globales.

Para empezar, elige un nicho o audiencia a la que quieras servir—algo que conozcas o que te genere curiosidad. Usa ChatGPT para generar ideas de productos, estructurar el contenido o idear funciones de valor agregado. Por ejemplo, si quieres crear un planificador de presupuesto, puedes pedirle a ChatGPT que diseñe un seguimiento de metas financieras de 30 días, luego diseñar la plantilla en Canva, exportarla como PDF y subirla a Etsy o Gumroad. En cuestión de horas, puedes tener un producto listo para vender—creado sin escribir una sola frase desde cero.

Una vez que tu producto está en línea, las plataformas globales hacen el trabajo pesado. Amazon KDP te da acceso a lectores internacionales. Etsy tiene compradores de todo el mundo. Gumroad permite compras en múltiples monedas. Udemy y Teachable te permiten distribuir cursos globalmente, mientras que YouTube te ayuda a llegar a audiencias en todos los continentes. La IA te permite localizar tus mensajes, traducir subtítulos y adaptar visuales a distintas culturas sin contratar traductores ni diseñadores.

Otro enfoque poderoso es **agrupar tus productos** en ofertas de múltiples formatos. Por ejemplo, escribe una guía corta con ChatGPT, conviértela en un audiolibro narrado con ElevenLabs, transforma las lecciones en diapositivas con Canva y vende el paquete completo como un "Kit Definitivo" en tu sitio o marketplace. Cada pieza de contenido puede venderse por separado o combinarse en paquetes de mayor valor. Esto no solo aumenta el valor promedio por pedido, sino que multiplica tus ingresos a partir del mismo material base.

El secreto del éxito global con productos digitales no es la perfección; es la **repetibilidad y el valor**. Enfócate en resolver un problema pequeño para una audiencia global y usa la IA para empaquetar esa solución en tantos formatos accesibles como sea posible. Luego automatiza la entrega y la promoción con herramientas como MailerLite, Zapier y Repurpose.io para mantener el tráfico y las conversiones fluyendo mientras duermes.

En la próxima historia conocerás a una creadora que usó la IA no solo para construir una línea global de productos digitales, sino para llegar a miles de clientes en varios idiomas, todo sin un equipo, una oficina ni experiencia técnica.

Isabella siempre había amado crear. Como ex profesora de idiomas en São Paulo, tenía una pasión por ayudar a otros a aprender, pero había dejado el aula años atrás para criar a sus dos hijos. Sin formación empresarial formal y con habilidades técnicas limitadas, nunca se consideró una emprendedora. Pero cuando su familia comenzó a enfrentar dificultades financieras durante una recesión económica, empezó a buscar en línea formas de generar ingresos desde casa. Una noche, se topó con un video de YouTube que lo cambió todo. Mostraba cómo personas usaban ChatGPT, Canva y Etsy para crear y vender diarios imprimibles en inglés, sin necesidad de experiencia en diseño. Isabella se preguntó: ¿podría hacerlo en portugués?

A la mañana siguiente, abrió una cuenta gratuita de ChatGPT y escribió en portugués. La IA generó al instante un esquema detallado con prompts diarios y frases inspiradoras. Isabella quedó asombrada. Copió el texto en Canva, eligió una plantilla suave y femenina, añadió sus propios toques y lo convirtió en un diario de gratitud de 30 días, pulido y profesional. Subió el PDF a Etsy, añadió opciones de pago brasileñas usando Gumroad y comenzó a compartir su producto en grupos locales de Facebook y comunidades de WhatsApp.

Para su sorpresa, las ventas llegaron rápido. En dos días, había vendido diez copias de su diario—ganando más de lo que solía ganar dando tutorías a medio tiempo. Animada, usó ChatGPT para traducir el contenido al español y al inglés, y DeepL para perfeccionar el lenguaje y adaptarlo a distintas culturas. Creó listados separados para cada versión, ajustando ligeramente las paletas de colores y el diseño para reflejar el tono y las preferencias de cada audiencia.

Pronto estaba vendiendo sus diarios en Estados Unidos, México, Portugal e incluso Francia. La demanda global la sorprendió. Usó ElevenLabs para narrar una versión en audio de su diario en inglés y portugués, la combinó con la versión imprimible y empezó a ofrecerla como un "kit premium de mindfulness" en Gumroad. Clientes de cinco continentes descargaron su paquete durante el primer mes.

Isabella se dio cuenta rápidamente de que había creado algo poderoso: productos digitales que cubrían una necesidad emocional real, respaldados por herramientas de IA que no requerían trabajo continuo. Usó MailerLite para automatizar correos de seguimiento con nuevas afirmaciones y ofertas con descuento, y Zapier para rastrear ventas internacionales. Publicó reels cortos creados en Pictory con música relajante y citas diarias, traducidas a tres idiomas, y los programó automáticamente usando Meta Business Suite. Su presencia en redes creció sin que ella grabara un solo video ni hablara frente a la cámara.

En tres meses, Isabella había lanzado más de una docena de productos: guías de amor propio, hojas de trabajo para aprender idiomas y barajas de afirmaciones, todos creados con IA. Su producto más vendido fue un imprimible trilingüe de "Mentalidad Matutina" que vendió casi 300 copias en 30 días. Para alguien que alguna vez dudó de que alguien compraría su trabajo, ahora estaba llegando a clientes en más de 40 países—sin enviar un solo producto físico.

Al mirar atrás, lo más sorprendente no fue haber ganado dinero, sino cómo las herramientas **nivelaron el campo de juego**. No necesitó un gran presupuesto, un título en marketing ni un inglés perfecto. La IA la ayudó a convertir sus ideas en impacto global. Desde su pequeño apartamento en São Paulo, con una laptop y herramientas de IA gratuitas, Isabella se convirtió en una emprendedora de productos digitales con una base de clientes internacional.

Hoy enseña a sus hijos lo que aprendió: que puedes crear algo valioso en tu propio idioma, con tu propia voz, y compartirlo con el mundo. Para ella, los productos digitales no eran solo ingresos—eran un **puente**. Un puente de lo local a lo global. Del estrés financiero a la libertad. Y de la idea al impacto.

Capítulo 9: Cómo Construir Tu Marca Impulsada Por IA Sin Aparecer En Cámara

No necesitas aparecer en cámara para construir una marca poderosa y rentable. Gracias a la IA, hoy es más fácil que nunca crear **contenido sin rostro** que construye autoridad, hace crecer una audiencia y genera ingresos en múltiples plataformas, **sin mostrar tu cara, sin hablar frente a un micrófono y sin contratar un equipo**.

El miedo a salir en cámara es una de las principales razones por las que muchas personas evitan iniciar negocios basados en contenido. Pero la verdad es que muchos de los creadores más exitosos de hoy son completamente anónimos. Algunos usan locuciones. Otros se apoyan solo en texto. Algunos incluso construyen negocios enteros alrededor de avatares de IA, animaciones sin rostro o visuales generados totalmente con herramientas como Midjourney, Canva o Pictory. **Tu marca no es tu cara.** Es tu mensaje, tu estilo y tu constancia... y la IA te ayuda a empaquetar y compartir ese mensaje de múltiples formas.

Para construir una marca sin rostro, comienza definiendo tu nicho y tu estilo. Usa ChatGPT para generar ideas de contenido, definir el tono de tu marca e incluso crear tu nombre. Por ejemplo, si quieres construir una marca motivacional para jóvenes profesionales, puedes pedirle a ChatGPT que sugiera un nombre, escriba un eslogan y genere 30 ideas de guiones para video. A partir de ahí, usa Canva o Midjourney para crear logotipos, banners sociales y gráficos con citas. Con herramientas como Pictory o Invideo, puedes convertir guiones escritos en videos con clips de stock, música de fondo y locuciones generadas por IA, **sin grabar ni editar manualmente**.

Una de las estrategias más efectivas es el contenido de formato corto: YouTube Shorts, Instagram Reels y TikToks. Estos clips de 15 a 60 segundos funcionan increíblemente bien para creadores sin rostro. Puedes transformar artículos de blog o citas en reels usando Pictory o CapCut, y luego narrarlos con ElevenLabs o Play.ht. Añade música libre de derechos, exporta y publica. Las plataformas premian la constancia, por lo que usar IA para crear y programar contenido en bloques te da una ventaja clara.

Tu marca sin rostro puede ir mucho más allá de las redes sociales. Puedes usar ElevenLabs para crear episodios de podcast a partir de artículos escritos o audiolibros narrados. Puedes usar ChatGPT para redactar newsletters por email o artículos largos para Medium. Y puedes vender productos digitales, ofrecer membresías e incluso licenciar tu contenido usando una identidad sin rostro, **sin ponerte nunca frente a una cámara**.

Otra excelente opción es crear un **avatar de IA** con herramientas como Synthesia o HeyGen. Estas plataformas te permiten generar un presentador realista que habla tu guion en cualquier idioma. Puedes usar tu avatar para enseñar, vender o compartir contenido por ti, ideal para cursos, canales de YouTube o anuncios en video. Combinado con clonación de voz y herramientas de texto a video, tu marca se vuelve escalable y multilingüe con un esfuerzo mínimo.

A tu audiencia no le importa si sales en cámara. Le importa la **claridad, la constancia y el valor**. Con IA, puedes ofrecer las tres sin ser visible. Y a medida que tu marca crece, siempre puedes decidir mostrar tu rostro... o mantener el misterio. De cualquier forma, la IA te permite construir algo real, respetado y generador de ingresos, mientras permaneces completamente detrás de escena.

En la próxima historia conocerás a alguien que construyó una marca sin rostro de **seis cifras en menos de un año**, todo desde una oficina silenciosa en casa, usando IA para ser visto y escuchado sin ser reconocido.

Nadie sabía quién estaba detrás de la cuenta de Instagram **"Wisdom Pulse"**. El logo era simple: texto blanco sobre fondo negro. Los videos eran aún más simples: locuciones calmadas, música minimalista y citas sobre visuales en cámara lenta de olas, bosques o calles de la ciudad. Sin embargo, en solo ocho meses, la página había acumulado más de **200,000 seguidores**, promediaba **1 millón de vistas por semana** y había generado silenciosamente **más de $110,000 en ingresos**. Detrás de todo estaba Adrian, un joven de 29 años con ansiedad social que no había mostrado su rostro en línea en más de cinco años.

Adrian siempre había amado las palabras. Llenaba cuadernos con ideas, reflexiones y citas. Pero cada vez que pensaba en compartirlas en línea, se paralizaba. La idea de grabarse, ser juzgado o volverse viral por las razones equivocadas le oprimía el pecho. Durante años, solo observó: viendo a otros crecer, publicar y construir. Hasta que una noche, después de ver decenas de tutoriales sobre IA en YouTube, algo hizo clic.
¿Y si no tenía que ser la cara?
¿Y si el mensaje podía sostenerse por sí solo?

A la mañana siguiente, Adrian abrió ChatGPT y escribió:
"Escribe un guion corto motivacional para alguien que está pasando por un momento difícil."

La respuesta fue hermosa. Honesta. Humana. Copió el texto en ElevenLabs, eligió una voz masculina tranquila y lo combinó con imágenes B-roll de Pictory. En menos de una hora tenía un video de 60 segundos. Sin cámara. Sin micrófono. Solo un mensaje poderoso, entregado profesionalmente por una máquina. Lo publicó en Instagram y TikTok bajo el nombre **Wisdom Pulse**.

El video obtuvo 73 vistas.

No fue increíble. Tampoco terrible. Pero fue suficiente.

Al día siguiente hizo dos videos más, y cinco más al siguiente. Usando ChatGPT para ideas, Canva para miniaturas, ElevenLabs para locuciones y Pictory para la edición, Adrian comenzó a construir una biblioteca de contenido sin rostro y de alto impacto. Siguió una fórmula simple: **una cita, un guion, un minuto, todos los días**. En la tercera semana, uno de sus videos alcanzó 17,000 vistas. Los comentarios empezaron a llegar:
"Necesitaba esto hoy."
"Gracias."
"Esta voz es muy calmante."

Nadie preguntó quién era. Y eso era perfecto.

A medida que la cuenta crecía, Adrian se expandió. Creó un diario digital basado en sus guiones usando Canva, lo combinó con una serie de afirmaciones en audio creadas con ElevenLabs y lo ofreció como una descarga de $19 a través de Gumroad. Cuando alguien compraba, él no tenía que hacer nada: la automatización se encargaba de todo. Añadió una checklist gratuita de "Reinicio Diario" como lead magnet y construyó una secuencia en MailerLite que enviaba correos de alto valor promocionando su diario, su paquete de audios y, más adelante, su primer curso digital sobre resiliencia emocional, narrado con IA y entregado por Teachable.

Para el sexto mes, tenía **más de 30,000 suscriptores de email**, **500,000 seguidores combinados** en plataformas y ganaba más al mes que en su antiguo trabajo de 9 a 5. Nunca grabó un video. Nunca mostró su rostro. Nunca dijo una sola palabra.

La marca de Adrian se convirtió en un refugio: sin rostro, pero llena de alma. Las personas no lo seguían a él. Seguían la **sensación** que creaba. Su energía calmada, amplificada por la IA, se había convertido en un negocio. Una voz para quienes no podían hablar. Una presencia sin presencia.

Cuando le preguntaban si algún día aparecería en cámara, Adrian simplemente sonreía y decía:
“El mensaje importa más que el mensajero.”

La IA le dio la libertad de construir en silencio... y de dejar que su marca hablara fuerte por quienes lo necesitaban.

Capítulo 10: Tu Plan De Libertad A Largo Plazo Con IA — Escalar, Licenciar O Salir

Una vez que has construido tu primera fuente de ingresos impulsada por IA, el siguiente paso es pensar a **largo plazo**. ¿En qué quieres que se convierta esto? ¿Un ingreso extra? ¿Un negocio de estilo de vida? ¿Un activo digital vendible? Este capítulo final trata de convertir tu trabajo con IA en **libertad duradera**, ya sea escalando, licenciando tus creaciones o preparándote para salir y vender tu negocio por una suma importante.

Escalar significa aumentar tu impacto y tus ingresos sin aumentar tu tiempo. Con la IA, esto es totalmente alcanzable. Puedes escalar creando paquetes de productos digitales, reutilizando contenido en distintas plataformas, ofreciendo versiones premium o lanzando en varios idiomas. Por ejemplo, un curso digital creado una sola vez con ChatGPT y Synthesia puede traducirse y regrabarse en español, francés o alemán usando herramientas de voz con IA. Ese mismo curso puede venderse simultáneamente en múltiples plataformas (Udemy, Teachable, Gumroad), creando múltiples flujos a partir de un solo producto.

Otra forma de escalar es mediante la **automatización y la delegación**. Puedes usar herramientas como Zapier, Chatbase y MailerLite para gestionar ventas, atención al cliente y marketing, liberándote para enfocarte en nuevas ideas. Una vez que generas ingresos de forma constante, reinvierte en mejorar tus sistemas o en contratar ayuda para las pocas tareas que la IA aún no hace bien (como diseño personalizado o ediciones manuales). Muchos negocios de una sola persona impulsados por IA crecen hasta **$5,000–$20,000 al mes** con solo unas pocas horas de mantenimiento semanal y costos mínimos.

Licenciar es otro camino inteligente para ingresos a largo plazo. Si has creado un activo digital útil—como una biblioteca de videos educativos, una serie de cuadernos de trabajo o un archivo de locuciones de nicho—puedes licenciarlo a otras empresas, coaches, escuelas o creadores de contenido. En lugar de ventas únicas, ofreces derechos de uso a cambio de pagos recurrentes. La IA te ayuda a crear y personalizar estos activos más rápido, y plataformas como Gumroad o Podia te permiten controlar el acceso y los precios.

Finalmente, la oportunidad más subestimada es la **salida (exit)**: vender tu negocio digital. Al igual que los bienes raíces, tu negocio online puede convertirse en un activo valioso y vendible. Sitios como Flippa, Empire Flippers y MicroAcquire listan miles de negocios en venta, incluidos canales de YouTube sin rostro, tiendas de Etsy, bibliotecas de eBooks y sitios web impulsados por IA. Si tienes tráfico constante, ingresos, sistemas automatizados y una audiencia en crecimiento, tu negocio digital puede valer entre **12 y 36 veces** su ganancia mensual. Eso significa que un negocio que gana $2,000 al mes podría venderse por **$24,000 a $72,000**, o más.

Ya sea que quieras escalar, licenciar o salir, la clave es **tratar tu marca con IA como un negocio real desde el inicio**. Usa herramientas para medir el rendimiento, mantén tus sistemas organizados y enfócate en entregar valor real. Los ingresos llegarán. Pero, más importante aún, llegará tu **libertad**: la que te permite trabajar a tu manera, desde cualquier lugar del mundo, con solo una laptop y algunas herramientas de IA.

En la historia final conocerás a alguien que empezó con un solo eBook impulsado por IA y terminó vendiendo su marca digital por **seis cifras**, demostrando que incluso el proyecto de IA más simple puede convertirse en un vehículo de creación de riqueza a largo plazo.

Ethan empezó con un solo eBook. Era una guía corta de 40 páginas llamada **Mastering Remote Work**, escrita completamente con la ayuda de ChatGPT. La formateó en Canva, añadió una portada sencilla y la puso a la venta en Gumroad. El primer mes ganó $142. No era revolucionario, pero era la prueba de que la gente estaba dispuesta a pagar por algo que él había creado. Animado, continuó. Durante los siguientes tres meses, Ethan creó tres guías más: una sobre productividad, otra sobre herramientas de IA para freelancers y una sobre cómo construir portafolios online. Usó ChatGPT para redactar el contenido, ElevenLabs para narrar versiones en audiolibro y Pictory para crear videos promocionales. Las agrupó en una serie de productos digitales llamada **The Digital Work Toolkit** y lanzó un sitio web para mostrarlas.

Las ventas empezaron a crecer. Ethan configuró secuencias de correo automatizadas en MailerLite para dar seguimiento a los clientes, ofrecer paquetes y entregar lead magnets gratuitos. Usó Zapier para conectar Gumroad con Google Sheets, registrando cada comprador y vinculando los datos de ventas a su lista de correo. En seis meses, su pequeña biblioteca de productos generaba alrededor de **$1,500 al mes**. No tenía equipo. No pasaba horas creando contenido. Las herramientas de IA hacían la mayor parte del trabajo—y no cobraban sueldo ni pedían vacaciones.

Pero Ethan no se detuvo en la venta de productos. Empezó a recibir mensajes de dueños de pequeños negocios preguntando si podían "usar" su contenido para capacitar a sus equipos remotos. Ahí descubrió el **licenciamiento**. Reescribió su colección de eBooks en formato de marca blanca y la ofreció a empresas por una tarifa única o una licencia anual. Con una landing page simple hecha en Carrd y un enlace de pago, Ethan cerró **tres acuerdos corporativos en un mes**, cada uno por $1,000. Había pasado de compradores individuales a clientes B2B recurrentes. Con IA, actualizaba y reempaquetaba contenido rápidamente. Usó ChatGPT para reescribir secciones para industrias específicas y ElevenLabs para generar narraciones personalizadas en distintos tonos y acentos.

A medida que crecía su biblioteca de productos y licencias, también lo hacía su audiencia. Su canal de YouTube sin rostro, donde publicaba resúmenes narrados semanalmente, superó los **10,000 suscriptores**. Su lista de correo alcanzó **25,000 contactos**. Había construido algo real—algo que ya no dependía de su tiempo. Era automatizado, global y crecía de forma constante.

Entonces, en el segundo año, Ethan hizo algo audaz: **lo vendió**.

Listó su negocio digital en Flippa. En pocas semanas recibió tres ofertas. Un comprador era una empresa especializada en capacitación de equipos remotos. Les encantó que el contenido fuera generado con IA, automatizado y ya monetizado a través de múltiples canales—eBooks, audiolibros, licencias, anuncios en YouTube y email marketing. Tras negociar, acordaron un precio: **$72,000**.

Fue surrealista. Un negocio construido con herramientas gratuitas, fines de semana tranquilos y una idea se vendió por más de lo que había ganado en sus dos últimos años de salario juntos. Y lo hizo sin grabar un solo video, sin contratar a un solo empleado y sin levantar un solo dólar de inversión.

Cuando le preguntaron qué lo hizo posible, Ethan no dijo suerte, ni timing, ni genialidad.

Dijo: **"Lo traté como un activo. Lo construí pensando en el final. La IA solo lo hizo más rápido."**

Con esa salida, Ethan se tomó un sabático de seis meses para viajar. Pero no había terminado. Ya estaba delineando su próximo proyecto con IA—esta vez en otro nicho, con más automatización y una visión aún más grande.

Porque una vez que experimentas lo que la IA puede hacer—no solo por tus ingresos, sino por tu tiempo, tu libertad y tu futuro—**no hay vuelta atrás**.

Dejas de preguntar "¿Y si...?"
Y empiezas a preguntar: **"¿Qué sigue?"**

Resumen Final

La **inteligencia artificial** ya no es un concepto lejano ni una herramienta reservada para expertos. Está aquí, es accesible y está lista para trabajar para ti. A lo largo de este libro, has aprendido cómo la IA puede ayudarte a escribir, diseñar, hablar, automatizar, vender y escalar—sin formación técnica, sin aparecer en cámara y, muchas veces, sin gastar más que unos pocos dólares. Ya sea que tu objetivo sea generar ingresos extra, lograr libertad total de tiempo o construir un negocio que algún día puedas vender, el camino es claro: **empieza simple, construye sistemas y usa la IA como tu equipo**.

Has visto cómo personas comunes—padres, docentes, creativos y profesionales—han usado la IA para transformar sus vidas. Has aprendido qué herramientas utilizaron, qué pasos siguieron y qué mentalidad adoptaron. La IA no reemplaza la ambición. **La amplifica**. Toma tus ideas, tu voz y tu perspectiva, y las convierte en productos, negocios y marcas capaces de llegar al mundo.

Este no es el final de tu camino. **Es la plataforma de lanzamiento**. Ahora tienes la base, la inspiración y la hoja de ruta. El siguiente paso depende de ti.

Palabras Finales Del Autor, Joe Correa

Si has llegado hasta aquí, gracias. Has invertido tu recurso más valioso—tu tiempo—y no tomo eso a la ligera. Cuando descubrí por primera vez las herramientas de IA, no sabía qué esperar. No tenía un gran equipo, una agencia de marketing ni mucho dinero. Lo que sí tenía era el deseo de construir algo real, algo que pudiera controlar. Y la IA me dio esa oportunidad.

Desde entonces, he creado cursos, libros, productos digitales y negocios automatizados que llegan a personas de todo el mundo—la mayoría construidos en momentos tranquilos desde casa, usando herramientas gratuitas o asequibles. No digo esto para impresionarte, sino para dejar claro que **si yo pude hacerlo, tú también puedes**.

No necesitas ser un genio de la tecnología. No necesitas permiso. Lo que necesitas es claridad, constancia y el coraje de dar el primer paso—aunque sea imperfecto. La IA no puede reemplazar tu creatividad ni tu voz, pero **sí puede multiplicar tu alcance y liberar tu tiempo** para que te concentres en lo que realmente importa.

Al avanzar, te animo a tomar acción. Elige **un método, una herramienta o una idea** de este libro y construye algo con ello **esta semana**. No algún día—esta semana. Porque una vez que das ese primer paso imperfecto, el impulso llegará.

Tu libertad no viene de esperar. **Viene de crear**.

Por tu camino—de principiante curioso a creador seguro y a emprendedor digital.
Construyamos tu imperio de ingresos con IA—**un movimiento inteligente a la vez**.

www.ingramcontent.com/pod-product-compliance
Lightning Source LLC
LaVergne TN
LVHW010841051026
849532LV00007B/2776